LA BIBLIOTHÈQUE

DE

CHARLES DE SAINTE-MAURE

DUC DE MONTAUSIER

AU CHATEAU D'ANGOULÊME

EN 1671

PAR

Charles SAUZÉ

MAGISTRAT

NIORT

L. CLOUZOT, LIBRAIRE-ÉDITEUR

18, Rue des Acacias

LA BIBLIOTHEQUE

DU DUC DE MONTAUSIER

AU CHATEAU D'ANGOULÊME

LA BIBLIOTHÈQUE

DE

CHARLES DE SAINTE-MAURE

DUC DE MONTAUSIER

AU CHATEAU D'ANGOULÊME

EN 1671

PAR

Charles SAUZE

MAGISTRAT

NIORT

L. CLOUZOT, LIBRAIRE-ÉDITEUR

18, Rue des Acacias

1893

LA BIBLIOTHÈQUE DU DUC DE MONTAUSIER

AU CHATEAU D'ANGOULÊME

Le grand seigneur dont nous désirons faire connaître une des bibliothèques, n'est pas de ceux qui doivent uniquement à une longue série d'ancêtres illustres, l'honneur de figurer dans les fastes de l'histoire. Il n'a pas tenu, sur la scène grandiose de Versailles, un de ces rôles effacés, qui enorgueillissaient les représentants des plus anciennes et des plus nobles familles du royaume. Bien qu'il n'ait été transmis ni par de brillants faits d'armes, ni par d'heureuses missions diplomatiques, le nom de Charles de Sainte-Maure, duc de Montausier, n'en est cependant pas moins connu de tous et même familier à beaucoup.

L'incomparable galanterie de la *Guirlande* (1), où ses vers sont mêlés à ceux des poètes les plus aimés du temps, son mariage avec Julie d'Angennes, délicieuse et parfaite personnification de cette société de l'hôtel de Rambouillet dont l'influence fut, on le sait, si grande sur notre littérature, l'honneur que Louis XIV lui fit en lui confiant la direction de l'éducation de ce dauphin, qui, *fils de roi, père de roi*, ne fut *jamais roi*, se-

---

(1) Mme la duchesse d'Uzès de Mortemart est aujourd'hui propriétaire d'un des exemplaires de ce livre célèbre, unique en son genre, que Huet, évêque d'Avranches, appelait *le chef-d'œuvre de la galanterie*. Il est de format in-4°, écrit en lettres romaines par le calligraphe N. Jarry, est orné de fleurs et guirlandes peintes par Robert et relié par Legascon. A la vente de la bibliothèque du duc de la Vallière, ce manuscrit a atteint le chiffre de 14,500 livres.

raient à eux seuls des titres suffisants à la célébrité, si Molière n'avait pas, dit-on, emprunté à son caractère les plus beaux traits de son *Misanthrope* et si Fléchier n'avait pas fait de sa noble existence le sujet d'une de ses plus belles oraisons funèbres (1).

Ce gouverneur de dauphin, ce gendre de la divine Arthénice, n'est pas étranger au Poitou. Son aïeul, François de Sainte-Maure, baron de Montausier, a possédé dans cette province les seigneuries de Pugny (2), de Fougeré (3) et de Salles (4), dont le château a abrité jusqu'en 1873 les curieux inventaires que nous allons publier (5) et dont nous donnons, aujourd'hui, un avant-goût aux lecteurs de l'*Intermédiaire*. Ces deux dernières seigneuries étaient entrées dans la maison de Sainte-Maure par le mariage (6) de François avec Louise Gillier, qui épousa en secondes noces un des familiers d'Henri IV, Jean de Baudéan de Parabère, baron de La Mothe-Saint-Héray. Lorsque, simple cadet, Charles de Sainte-Maure entra au service, ce fut sous le nom de marquis de Salles. Il échangea dans la suite ce titre pour celui de duc de Montausier (7), seigneurie qui appartenait depuis plusieurs siècles à sa famille et le rattachait ainsi étroitement à une province voisine du Poitou, l'Angoumois dont il devint gouverneur par lettres patentes du 20 mars 1645.

La bibliothèque, dont nous publions l'inventaire estimatif fait par Mathieu Pellard, marchand libraire (8), les 22, 23 et 24 décembre 1671, est celle du château d'Angoulême, où Charles de Sainte-Maure passa sa jeunesse, après avoir été étudier à la fameuse école protestante de Sedan, dirigée alors par Pierre du Moulin, ministre éminent du culte réformé, et où les exigences

---

(1) Prononcée le 11 août 1690 dans l'église des Carmélites du faubourg Saint-Jacques à Paris.

(2) Canton de Moncoutant. Cette terre était entrée en 1480 dans la famille de Sainte-Maure par le mariage de Léon de Sainte-Maure, fils de Léon et de Jeanne Le Boursier, avec Anne d'Appelvoisin, fille de Guillaume, chevalier, seigneur de Chaligné, Pugny et La Guyraire, et de Iseult de Liniers.

(3) Commune d'Amailloux, canton de Parthenay.

(4) Canton de La Mothe-Saint-Héray.

(5) Dans les mémoires de la Société archéologique de Rambouillet.

(6) Il eut lieu à Fougeré le 24 août 1572. (*Journal* de Leriche).

(7) La terre et marquisat de Montausier fut érigée en duché et pairie de France en faveur de Charles de Sainte-Maure par lettres patentes du mois d'août 1664 « à la charge d'une seulle foy et hommage envers Sa Majesté ».

(8) A Angoulême.

de son gouvernement d'Angoumois et de Saintonge le forcèrent à résider durant les quelques années qui suivirent son mariage.

Cette publication, qui ne sera pas, nous osons l'espérer, dépourvue d'intérêt, permettra de constater la justesse de ce vieux dicton : « Dis-moi qui tu hantes et je te dirai qui tu es. » Les livres parmi lesquels nous vivons, qui sont nos compagnons de tous les instants, que nous quittons et que nous retrouvons suivant une capricieuse fantaisie, ne nous inspirent-ils pas, en effet, les idées les plus diverses et ne laissent-ils pas à la longue dans notre esprit une marque indélébile ? Les lectures de notre jeunesse concourent à nous donner une individualité propre et celles de notre âge mûr fournissent des indices presque certains sur notre caractère. C'est à ce titre que l'énumération d'une bibliothèque de Charles de Sainte-Maure nous paraît digne de retenir un moment l'attention.

Ce soupirant bel-esprit, ce courtisan honnête-homme, qui depuis l'apparition du chef-d'œuvre de Molière a été analysé sous tant d'aspects différents, avait à Angoulême une bibliothèque correspondant bien à ses goûts, semblable en tous points à celle que l'on pouvait s'attendre à rencontrer dans son cabinet. Ces livres semblent faits pour son esprit plein de rigide droiture, de sanglante franchise, de rude honnêteté. Ces in-folio, où, orphelin, il avait peut-être appris à lire sous l'œil vigilant de sa tante, la comtesse de Brassac (2), que Tallemant des Réaux, dans ses *Historiettes*, nous a dépeinte comme une dame « fort douce, fort modeste et fort instruite, qui savait le latin et entendait bien son Euclide », furent ses passe-temps dans les longues journées de ses séjours en province, ses consolateurs dans ses disgrâces et dans ses deuils, ses guides au faîte des grandeurs.

Les tête-à-tête avec de semblables compagnons ne pouvaient rendre Charles de Sainte-Maure frivole, insouciant, débauché. Après quelques heures passées avec ces Pères de l'Église à la morale si élevée, si pure, si belle d'idéal, on peut comprendre sa misanthropie, ses pitiés, ses mépris, ses colères devant la triste comédie de la cour. Vivant en pensée au milieu de sages ornés de toutes les vertus, ne pouvait-il pas se sentir dépaysé

---

(1) Catherine de Sainte-Maure, mariée à Jean de Galard, par contrat passé par Brilland et Desnouhes, notaires royaux à Saint-Maixent, le 14 avril 1602, fut première dame d'honneur d'Anne d'Autriche.

quand il se retrouvait au milieu de gens chargés de tous les vices ? Il ne voulut pas prendre le masque de plate hypocrisie, le langage de basse flatterie des courtisans en faveur, et il fut une des plus fières et des plus vertueuses figures de cette fastueuse cour de Louis XIV où les plus grands s'effacent dans une attitude de quémande.

Lorsque la réunion de tant de nobles qualités l'eut signalé à la sollicitude du roi désirant donner au dauphin une éducation royale (1), Charles de Sainte-Maure voulut s'acquitter de cette lourde tâche avec la conscience d'un sage. Mais il ne comprit pas que la jeunesse aux aspirations joyeuses, aux espoirs enchanteurs, appelle d'autres confidents que la vieillesse aux tristes désillusions, aux sombres découragements. Il voulut imposer à l'héritier du trône dans les célèbres éditions *ad usum Delphini* la lecture des auteurs qui avaient mûri, au temps des guerres civiles, son jeune esprit d'orphelin. Mais en désirant assagir avant l'âge ce dauphin destiné à remplir un rôle si grandiose, le duc de Montausier ne parvint, nous dit Mme de Caylus (2), qu'à lui donner « un si grand dégoût pour les livres qu'il prit la résolution de n'en jamais ouvrir quand il serait son maître. Il a tenu parole ». Et cette éducation à laquelle il s'était donné tout entier, qui semblait devoir être la gloire de sa noble existence, fut tellement malheureuse que son élève n'a laissé à la cour que la mémoire d'un dévot à la plus obtuse intelligence.

Ce résultat inattendu, le duc de Montausier l'obtint sans doute en imitant le mode d'éducation qu'avait suivi pour l'élever, son maître dans le métier des armes, son oncle le comte de Brassac, qui était « hargneux, toujours en colère et quoiqu'il eût étudié n'avait pourtant point pris le beau des sciences et des lettres ». (3) Huguenot fervent, ce dernier, après avoir amené sa belle-sœur, Mme de Montausier (4), restée veuve à vingt-cinq ans, à abandonner la religion catholique, et avoir fait baptiser ses deux neveux Hector et Charles et sa nièce

---

(1) Lettres patentes du 21 septembre 1668.
(2) *Souvenirs*.
(3) Tallemant des Réaux, *Historiettes*.
(4) Marie, *alias* Marguerite de Chasteaubriant, veuve de Léon de Sainte-Maure, était fille de Philippe, seigneur des Roches-Baritaud, comte de Grassay, chevalier de l'ordre du roi, capitaine de cent hommes d'armes, gouverneur de Fontenay, et de Philiberte du Puy du Fou.

Catherine (1) dans la religion protestante, devint, à la suite d'une éclatante conversion, ambassadeur près du pape Urbain VIII. Ce fut sans doute lui qui réunit la bibliothèque qui nous occupe.

Jean de Galard de Béarn, comte de Brassac, baron de Saint-Maurice, Poy, Terre-Rouge, Saint-Loboer, Saint-Sever, La Rochebeaucourt, seigneur de Sémoussac, Semillac, Clion, Saint-Antoine du Bois, occupa les plus hautes dignités sous Henri IV et Louis XIII. Il fut successivement conseiller du roi en tous ses conseils, capitaine de cinquante hommes d'armes des ordonnances, chevalier des ordres, gouverneur de la ville de Saint-Jean d'Angély, ambassadeur à Rome, lieutenant général du haut et bas Poitou, gouverneur du duché de Châtellerault, de Saintonge, d'Angoumois (2) et de Lorraine (3), ministre d'état et surintendant de la maison de la reine. (4)

Dans la capitale de son gouvernement d'Angoumois, qu'il conserva pendant plus de dix ans et résigna en faveur de son neveu Charles de Sainte-Maure, le comte de Brassac avait rassemblé tous les livres qui devaient convenir à sa foi ardente et avaient peut-être entraîné sa famille (5) dans cet imposant mouvement de la Réforme qui avait jeté sur les champs de bataille de Jarnac et de Moncontour presque toute la noblesse du Poitou et des provinces voisines. Il avait grandi au spectacle lamentable des guerres civiles. Au récit de ces batailles, où ses parents étaient tombés, ses croyances avaient puisé des forces que devaient entretenir les solides lectures que lui offrait sa bibliothèque et qui lui permirent plus tard d'opérer la conversion de sa belle-sœur et de voir élever ses neveux dans la religion qu'il abandonna en 1620, désabusé ou guidé par l'ambition.

Cette bibliothèque, qui exerça, sans doute, une influence si

---

(1) Mariée : 1º à Antoine de Lenoncourt, marquis de Blainville ; 2º à Philbert-Hélie de Pompadour, marquis de Laurière et du Ris, gouverneur et sénéchal du Périgord.

(2) Il succéda en 1633 au maréchal de Schomberg.

(3) C'est sous son gouvernement que cette principauté fut annexée à la France.

(4) J. Noulens, *La maison de Galard*.

(5) Le père de Jean de Galard, René, baron de Brassac, avait été élevé dans la religion protestante par sa mère Jeanne de La Rocheandry. (V. Bujeaud, *Chronique protestante de l'Angoumois*).

prépondérante sur l'esprit du futur gouverneur du dauphin, avait été certainement en grande partie formée par ce huguenot érudit que les voyages, les exigences d'importantes charges, de délicates ambassades, forçaient à connaître non seulement l'histoire des provinces de France qui avaient jusqu'ici conservé des mœurs et des coutumes très spéciales, mais encore celle des peuples étrangers. Tandis que ses fonctions de gouverneur des provinces de Saintonge, d'Angoumois, de Poitou et de Lorraine, l'amenaient à se familiariser avec la jurisprudence, son désir de s'instruire, de se tenir au courant des idées nouvelles, lui faisait étudier l'histoire naturelle, la botanique, la géographie, l'astronomie, la philosophie.

Cette bibliothèque formée par le comte de Brassac à une époque d'enthousiasme de renaissance religieuse, scientifique, artistique et littéraire, qui échut à Charles de Sainte-Maure comme héritier et donataire universel de sa tante Catherine de Sainte-Maure (1), veuve et donataire du comte de Brassac, ne fut guère augmentée par son nouveau propriétaire. Celui-ci, qui pour épouser la charmante Julie d'Angennes est revenu à sa première religion sur les sollicitations de Mme de Brassac qui venait de se convertir au catholicisme et les conseils du cordelier Faure, y place l'*Histoire de l'Église* d'Antoine Godeau, évêque de Grasse, le poème de *Saint Louis* du père Lemoyne, la *Rome sauvée* de Scudéry.

On peut s'étonner de ne pas y rencontrer les œuvres des auteurs favoris du duc de Montausier : Chapelain dont la Pucelle était sa lecture de prédilection, Ménage, Balzac, tous les assidus de la rue Saint-Thomas du Louvre. Mais cela ne doit pas surprendre, car Charles de Sainte-Maure retrouvait à Angoulême, Balzac, qui était venu oublier dans sa gentilhommière (2) des bords de la Charente les déboires de son séjour à Paris et quelques collaborateurs à la Guirlande qu'il invitait pour la belle saison. Puis, durant les années qui s'écoulèrent du mois de juillet 1653, époque à laquelle il avait quitté l'Angoumois pour se fixer à Paris, après la mort de son beau-père, le marquis de Rambouillet, le duc de Montausier ne dut séjourner à

---

(1) Testament reçu par de Beauvais et de Beaufort, notaires du Châtelet de Paris, le 15 septembre 1645. Mme de Brassac était créancière de la succession de son mari pour 334,311 livres.

(2) Commune de Balzac, deuxième canton d'Angoulême.

Angoulême que très peu de temps et seulement quand sa présence y était indispensable, comme en juin 1659 où il alla recevoir le cardinal Mazarin et organiser des fêtes à Saintes lors du passage du roi et de la reine Anne d'Autriche. Ses assiduités à la cour, ses gouvernements d'Alsace (1) et de Normandie (2), la charge de sa femme (3) puis la sienne près du dauphin, les fêtes où à partir de 1661 il produisit sa jeune fille (4) qui épousa en 1664 Emmanuel de Crussol de Saint-Sulpice, comte de Crussol, la mort de la marquise de Rambouillet en 1666, l'empêchèrent de revenir souvent dans cette ville d'Angoulême où il avait passé sa jeunesse.

Que devint cette bibliothèque qui contenait près de 750 volumes et fut estimée 1,365 livres ? Elle fut sans doute dispersée comme celle qui devait se trouver à l'hôtel de Rambouillet et sur laquelle les inventaires que nous allons publier sont malheureusement muets (5). Et ces livres aux luxueuses reliures, témoins des délicieuses galanteries de la Chambre bleue, viennent tour à tour échouer, triste retour du sort, sur les rayons d'une salle des ventes (6).

---

(1) Charles de Sainte Maure « qui commandait audit pays dès l'année 1638 » fut nommé lieutenant général de la haute et basse Alsace par lettres patentes du 14 octobre 1649.

(2) Lettres patentes du 12 juin 1663.

(3) Par lettres patentes du 26 septembre 1661, Madame de Montausier fut nommée « gouvernante de l'enfant qu'il plairait à Dieu donner par le prochain accouchement de la reine épouse et compagne de Sa Majesté, soit mâle ou femelle, avec la surintendance de sa maison ». Par lettres patentes du 2 août 1664, elle devint dame d'honneur de la reine. Pour arriver à tous ces honneurs elle dut « payer sa rançon ». (Victor Cousin, *Madame de Longueville*).

(4) Elle reçut en dot 400,000 livres, plus 40,000 livres en bijoux.

(5) La bibliothèque du château de Montausier fut estimée 279 livres. Elle contenait : « Plusieurs livres faits par ceux de la religion prétendue réformée soit de controverse d'histoire et autres desquels n'a été fait aucune description particulière du consentement des parties, lesdits livres étant *deffendus* et de nul usage... »

(6) Dans le catalogue des meubles de la succession du marquis de Sainte-Maure Montausier, vendus à l'hôtel Drouot, le 5 décembre 1887, nous lisons :

19. — La Fauconnerie de Charles d'Arcussiac de Capre, seigneur d'Esparron, avec les portraits au naturel de tous les oyseaux. — Conférence des fauconniers, discours de chasse, où sont représentés les vols faits en une assemblée de fauconniers. *Rouen, Vaultier*, 1644, 1 vol. in-4°, veau marb. Fig.
Aux armes du duc de Montausier.

20. — O. Curtii Rufi historiarum libr¹. *Amstelodami, ex offic. Elzeviriana*, 1670, in-12, front., gr., mar. rouge, fil. tr. dor.

CATHALOGUE DES LIVRES ESTANS DANS LA BIBLIOTECQUE DU CHASTEAU D'ANGOULESME. (1)

Livres in-folio

In-folio. — Premièrement une Bible en hébreu caldéen grecque latine, imprimée à Anvers et reliée en cinq tomes.
Plus, trois tomes sur l'Interprétation de la Bible cy-dessus, aussy imprimez à Anvers 1572 pour toute la Bible cy dessus, cy   iiiixx l.
Plus, la Bible latine, imprimée à Paris par Robert Estienne, 1532, fripée cy   viii l.
Plus, une autre Bible latine en lettre goltique, imprimée à Cologne 1541, fripée cy   iii l.
Plus, le Vieux et Nouveau Testament en grec, imprimé à Bâle 1545, cy   x l.
Plus, une Bible traduite par les Théologiens de l'Université de Louvain, imprimée à Paris en 1638, cy   x l.
Plus, une autre Bible imprimée à Lion 1549, fripée cy   iii l.
Plus, une Bible en hébreu, in-quarto, fripée cy   vi l.
Plus, deux Bibles, sçavoir : une interprétée par Jean Diodati, imprimeur à Genève 1647, et l'autre, par Théodore de Bèze, imprimeur, 1589, cy   xv l.
Plus, les douze Prophètes en hébreu, commentés par David Kimki, in-quarto, imp. à Paris 1539, cy   v l.
Plus, une autre Bible en hébreu, reliée en parchemin et frippée, cy   iii l.
Les Canons des Saincts apostres, conciles généraux et particuliers en latin, imprimez à Paris 1561, cy   vi l.
Les Canons de quelques anciens pères grecs, en grec et latin, cy   viii l.
Les Conciles tant généraux que particuliers, imp. à Venise en 1585 et reliés en cinq volumes, cy
Le concile de Florence en grec, relié en parchemin, cy   iii l.
Les actes en grec du troisiesme Sinodde œcuménique d'Ephèse, relié en parchemin, cy   iii l.
Œuvres de Tertulien en un volume, imprimées à Paris en 1584, cy   xv l.

Bel exemplaire aux armes du duc de Montausier.
21. — Casp. Bartoluni de Tibiis veterum. *Amstel. apud Wetstenium*, 1679. In-12, veau. Fig.
Aux armes du duc de Montausier.
22. — Journal de l'expédition de M. de la Feuillade, pour le secours de Candie, par un volontaire. *Lyon*, 1669, in-12, veau. Carte.
Aux armes du duc de Montausier.
23. — Relation d'un voyage en Angleterre (par Sorbière). *Cologne, P. Michel*, 1666, in-12, veau.
Aux armes du duc de Montausier.
24. — L'Amour tirannique, tragi-comédie par M. de Scudéry. *A Paris, chez Aug. Courbé*, 1639, in-4°, parch.
Envoi d'auteur autographe : « *Pour M. le marquis de Montausier, son humble serviteur, de Scudéry.* »

(1) Le texte a été scrupuleusement respecté.

Les ouvrages de Sainct Hierosme en latin, imprimées à Rome 1572 et reliez en quatres tomes, cy — xxv l.
Touttes les œuvres de Sainct Augustin, imprimées à Bâle 1529 et reliées en dix volumes, fripés cy — lx l.
Plus, un autre tome de la Cité de Dieu, du mesme authour, imprimée à Paris en 1555, estant seul poinct de prix ….
La théologie de Sainct Damacenne, imprimé à Paris en 1512, cy — v l.
Plus, ses œuvres en latin, imprimées à Boulogne en 1536. — vi l.
Les œuvres de St Grégoire de Nazianze en latin, imprimé à Anvers 1570, cy — x l.
Les décrets éclésiastiques, par François Joüe, reliez en deux volumes et en parchemin, cy — v l.
Le trésor des lieux communs de la saincte Ecripture en latin, par Marc Loratus, cy — v l.
Les narrations en latin de Théophetat sur les Évangilles, imprimées à Paris 1541, fripés cy — vi l.
Tous les ouvrages de Sainct Athanase Alexandrin, imprimez à Lion 1532, fripez cy — v l. x s.
La vie de Sainct *(six)* Picus de Mirandolle en latin, fort fripée, cy — xx s.
Les ouvrages de Clément Alexandrin en grec, cy — v l. x s.
Les ouvrages de Sainct Epiphane en grec, imprimez à Bâle, reliez en parchemin, cy — iiii l.
Plus, le mesme autheur en latin, imprimé à Paris 1564, cy — v l. x s.
Les œuvres d'Origène en trois tomes, cy — xiii l.
L'histoire éclésiastique d'Eusebe en grec et latin, imprimé à Paris 1571 et relié en deux tomes, cy — x l.
Les œuvres de Justin martir en grec, imprimé à Paris 1551, cy — viii l.
Les œuvres de Sainct Bazille le grand en grec, imprimé à Bâle 1551, relié en parchemin, cy — vi l.
Les œuvres de Sainct Ciprien, imprimées à Paris 1571, frippées, cy — viii l.
L'Epitome grecque et latine de Procope sur Isaïe, imprimée à Paris 1560, reliée en parchemin, cy — xxx s.
Le théâtre du monde ou nouvel atlas avec les cartes géographiques de l'imprimerie de Guillaume et Jean Blaeu, à Amsterdam, reliez en sept volumes, en tout cy — cccc l.
Un corps de toutte la philosophie, par Théophraste Bouju, imprimé à Paris 1618, non couvert. — iiii l.
L'architecture ou art de bastir, par Marc Vitruve Pollion, autheur romain, imprimés à Paris 1547, fripée, cy — xl s.
Les œuvres de Saluste du Bartas, imprimées à Paris 1634, cy — l s.
Tite-Live en trois volumes, imprimé à Paris, l'un en 1573 et l'autre en 1625, cy — y l.
Plus, le mesme en françois par Langelier, relié en deux tomes, fripez, cy — iiii l.
L'histoire génerale d'Espagne en françois, imprimée à Lion 1587, frippée cy — iiii l.
Histoire Croniq. par Jean Froissart, imprimée en françois et à Paris l'an 1574, cy — iii l.
La description du nouveau monde en latin, cy — x s.
Les actions de François Sforza, duc de Milan, par Jean Simonnet, en latin,

fort fripée, cy XII s.

Les antiquitez romaines, par Denis Alexandrin, imprimées en latin à Bâle 1549, fripées, cy XXX s.

L'histoire de Paolo Jonia, evesque de Nocera, traduicte en françois par Denis Sauvage, reliée en deux tomes, cy III l.

Discours du songe de Poliphile, imp. à Paris 1561, cy XX s.

L'histoire de Thucydide, imprimée en françois à Paris 1559, cy L s.

Les croniques d'Enguerran de Montrelet en françois, imprimées à Paris 1596, cy VI l.

L'histoire de Joseph en françois, par François Bourgouin, imprimée à Lion 1562, cy V l.

Histoire de Florance, par Paul Emile, en françois, imprimée à Paris 1596, cy III l.

Annalles et croniques de France, par Nicole Gilles, imprimées en françois 1549, cy XXX s.

Histoire de l'Esglise, par Antoine Godeau, imprimée à Paris 1653, fripée, cy III l.

Les commentaires de Julles César sur les guerres de la Gaule, de la vertion de Blaise de Vigenère, imprimez à Paris, cy XL s.

Œuvres de Lucien, par Bertin, imprimée à Paris 1583, reliées en parchemin, très fripée, cy III l.

Lettres du cardinal Dossat, imprimées à Paris 1624, reliées en parchemin, cy XL s.

Catalogue des armoiries de Feron, relié en parchemin, fripé cy X s.

La viscissitude ou variété des choses en l'univers, par Louis Le Roy dict Regius, imprimée à Paris 1575, reliée en parchemin, fripé cy X s.

De la charge des Gouverneurs des places, par Antoine Deville, imprimé à Paris 1539, relié en parchemin, cy XX s.

Les actions des guerres en françois, par Paul Emile, imprimé en latin à Paris 1544, relié en parchemin et fripé cy X s.

Autres actions des François, par Arnoul Scaou, en latin, imprimé à Paris 1554, reliez en parchemin, fripé cy VIII s.

La description des Indes occidentalles, en latin, par Antoine de Renera, imprimé à Amsterdam 1622, relié en parchemin, cy XV s.

Navigations de Jean Hugon, en latin et avec ses cartes, imprimé en 1599, cy III l.

Annalles des magistrats des provinces des Romains, en latin, par Estienne Vinandus, imprimé à Anvers 1599, cy III l.

Les œuvres de Corneille Tacite, en latin, reliées en parchemin, fripé cy XX s.

Chroniques latines de Jean Mauclair en deux tomes, imprimées à Cologne 1554, frippés cy VI l.

Chroniques en latin de Mathieu Beroual, imprimé en 1575, relié en parchemin, cy III l.

Les scrupules des Chronologistes, en latin, par Clément Scuber, imprimez en 1575, relié en parchemin et frippé cy X s.

Commentaires de Mathiole sur Dioscoride, imprimez à Lyon 1566, cy III l.

Histoire latine de Jacques-Augustin Thuani, imprimée 1604, cy III l.

Cronologie catholicque en latin, par Henry Bautingues, imprimée à Magdebourg 1606, cy III l.

Histoire de France latine par Glabert et autres, imprimée à Francfort 1596 cy — xx s.

Œuvres de Joseph Scaliger en latin, imprimé à Lion, cy — v l

Histoire de Bretagne par Bertrand d'Argentré, imprimée à Paris 1588 cy — vi l.

Fleurs historiques des actions des Anglais, en latin, par divers autheurs, imprimé à Francfort 1601, cy — iiii l.

Annalles d'Aquitaine, imprimées en 1645, reliées en parchemin, fripées cy — xx s.

Histoire de Berry, imprimée à Lion 1566, reliée en parchemin, cy — x s.

L'origine des Bourguignons et antiquitez des estats de Bourgogne, par Pierre de Sainct-Julien, imprimée à Paris, relié en parchemin et frippé cy — xxx s.

Les Mémoires de messieurs Martin Duhellay, imprimées à Paris 1571 cy — xl s.

Deux tomes de l'histoire de France, imprimez en 1581 et fripez cy — iii l.

Les Mémoires historiques, par Louis Gollut imp. à Dôle, frippé cy — xl s.

L'histoire ecclésiastique en françois, en deux tomes, imprimée en 1560 cy — viii l.

Histoire de la nature des oyseaux, par Pierre Belon, imprimée à Paris 1555, relié en parchemin et frippé cy — x s.

Cronicque de Savoye imprimée en 1602, reliée en parchemin, cy — xxx s.

Histoire des Danois par Graninna, imprimée en 1534, reliée en parchemin, cy — xxx s.

Histoire du grand Olaus en latin, relié en parchemin cy — xx s.

La cronicque latine des ducs de Brabant, par Adrien Barlant, relié en parchemin, cy — xxx s.

Histoire des Martirs, imprimée en 1608, cy — v l.

Histoire d'Autriche en latin, par Gérard de Roo, imprimé en 1582, relié en parchemin, cy — xl s.

L'histoire bibliotecque latine de Diodore Sicilien, imprimée à Bâle, frippée cy — xx s.

Histoire de Jullia, en latin et en trois tomes, par Renicrus Reniercius, imprimé en 1595, cy — ix l.

Les actions ou décades de Hongrons en latin, par Antoine Bonfinius, imprimé à Francfort 1581, cy — v l.

L'Italie illustrée, en latin, par divers autheurs, imprimée à Francfort, cy — xv s.

Histoire des Turcs, en latin, par Leunclanius, imprimée à Francfort, 1591, cy — iii l.

L'histoire des Alemands, en latin, imprimée à Francfort 1600, cy — iii l.

Histoire du comte Zozine, imprimée à Bâle — l s.

Cronicques latines de Conrat Dursperg, imprimées en 1609, cy — xl s.

L'histoire des actions des Moscovites, en latin, imprimé à Francfort 1600 cy — xx s.

Les commentaires d'Onufre Panninius, en latin, relié en parchemin et fripé cy — xx s.

Les annales des consulz Romains, en latin, par Marlianus, imprimé à Rome 1560 en parchemin, fripé cy — x s.

Calpin en huict langues, imprimé en 1609, frippé cy — v l.

Histoire de la vie du duc d'Espernon, imprimée à Paris en 1655, cy — xl. s.
Dictionnaire françois et latin imprimé en 1549, frippé cy — x s.
Bibliotecque historialle en françois, par Nicolas Viguier, en trois tomes, imprimé à Paris 1587, cy — ix l.
Rome vaincue, par Scudery, imprimée à Paris 1654, cy — l s.
Coustume d'Angoumois, par Vigier, imprimée à Paris 1650, cy — v l.
Théodoret sur la vérité des Evangilles grec et latin, couvert de parchemin et fripé cy — xxx s.
Anathomie italienne, par Ivalnerde, impr. à Rome 1559, fripée cy — xx s.
Rhétoricque italienne, par Bartholomer Cavalcanti, imprimée à Venize 1559, cy — xxx s
L'histoire de la nature des Oyseaux, par Conrad Gesner 1555, cy — xl. s.
Les œuvres de Lucain, en grec, relié en parchemin, frippé cy — xxx s
Le grand etimologien, en grec, cy — l. s.
Un vieil lexicon grec et latin 1573 en parchemin, cy — xx s.
Le trésor de la langue grecque et latine, par Vulcanius, en parchemin, cy — xx s.
Touttes les œuvres d'Halicarnasse en grec et latin, imprimé à Francfort 1586, cy — viii s.
Le vocabulère de Jule Pollus, en grec, cy — iiii l.
Lexicon d'Hesichius, en grec, cy — v l.
L'abrégé des annalles de George Sedrennus, grec et latin, cy — xi l.
Les annalles de Nicetas Choniats, en grec et latin, couvertes de parchemin, frippée cy — iii l.
L'histoire bisantine et turque, par Nicephore Gregoros, en grec et latin, cy — iiii l.
Les annalles de Jean Jonare, en grec et latin, fripé, imprimé à Bâle 1557, cy — iiii l.
Touttes les œuvres de Senecque, en latin, cy — x l.
L'histoire du monde, par Pline second, en latin, imprimée à Francfort 1599, cy — viii l.
Les ouvrages de Guillaume Bude, en latin et en trois tomes, imprimez à Bâle 1556, cy — vi l.
Traicté des différences des animaux en latin, par Edouard Toton, imprimé à Paris 1552, cy — xl. s.
Œuvres d'Aristote, grecque et latine, en un tome, et un tome autre du mesme autheur, en latin, dont le latin est fripé cy — xviii l.
Œuvres de Plotin platonicien, grecques et latines, imprimée à Bâle 1590, cy — vi l.
Traicté de Jean Grammaticus sur les livres de la génération et la coruption en grec, imprimé à Venise, cy — v l.
Les œuvres de Demostènes, en grec, imprimée à Paris 1570, cy — v l.
Plus Demostennes, grec et latin, imprimée à Bâle 1572, cy — v l.
Les ouvrages de Platon, grec et latin, en deux tomes, cy — xviii l.
Isocrates, grec et latin, relié en parchemin, cy — iiii l.
Les oraisons en grec de quelques anciens autheurs grecs, imprimées en 1575, cy — iii l.
Les oraisons d'Aristide en grec, relié en parchemin, cy — xl. s.
L'histoire des neuf muses en grec et latin, par Hérodote d'Halicarnasse, relié en parchemin, cy — iii l.

L'histoire grecque et latine, par Adrian, imprimée en 1575, relié en parchemin, cy xxx s.
Les œuvres de Zénophon en grec et latin, imprimée en 1581, en parchemin, cy iii l.
L'histoire de Thucidide grecque et latine, imprimée en 1588, reliée en parchemin, cy xl. s.
Les œuvres de Philistrate en grec et latin, imprimée à Paris 1608, cy iiii l.
La bibliotecque historicque de Théodore Sicilien, en grec, imprimée en 1559, cy vi l.
L'histoire romaine de Dioncasius, grecque et latine, cy vi l.
Les œuvres de Plutarque grecque et latines en deux tomes, imprimées à Francfort, cy viii l.
Histoire grecque de Polibius Negapolotin, reliée en parchemin, cy xx s.
L'histoire d'Apian Alexandrin grecque et latine, relié en parchemin, cy iii l.
Les proverbes d'Erasmes de Roterdam, en latin, imprimée à Paris 1579, cy iiii l.
La topographie de Rome en latin, par Marlian, en parchemin, cy x l.
Les commentaires latins Raphaël de Volaterani, en deux tomes, imprimez à Lion 1552, reliez en parchemin, cy iiii l.
La description des jura et des triomphes romains, par Onufre Panninius en latin avec les planches en taille-douce, imprimé à Venise, 1600, relié en parchemin, cy v l.
Les commentaires latins de la républicque romaine, par Volsgangus Lasino, imprimez à Francfort 1588, en deux tomes, reliez en parchemin, cy iiii l.
Les commentaires latins sur Solin Polyhistor, imprimez à Balle, cy iii l.
De laciette du monde, par Ponponius Melas, en latin, imprimé à Paris 1530, fripée cy x l.
L'histoire latine de Volsgangus Lazius, imprimé à Francfort 1600, cy xl. l.
Les exercices de Clément Salmasius en latin, sur Solin, Polyhistor en 1629, cy x l.
Les remarques de Salmazius sur les escrivains de l'histoire d'Auguste et un tome latin, imprimées à Paris 1620, cy vii l.
Philon Juif, en grec, imprimé à Paris 1552, cy viii l.
Pauzanias, grec et latin, imprimé à Francfort 1583, cy iiii l.
Archive de mathématicien en grec et latin, imprimé à Bâle 1544, cy iii l.
Les constitutions de Justinian en grec, imprimez en 1558, cy iiii l.
Le droict, grec et latin, par Leun Clavius, imprimée à Francfort, cy v l.
Porfire en grec et latin, sur Ptolémée mathématicien, en parchemin, cy xxx l.
Arian Periplus en latin, imprimé à Lion 1577, en parchemin, cy xx l.
Paul Egineta, grec, en parchemin, cy xxx l.
Les œuvres de Suydas en grec, cy vi l,
Les Eclogues de Jean Stobens, grec et latin, imprimez à Envers 1575, relié en parchemin, cy l s.
La géographie de Strabon en grec et latin, imprimée à Arras 1587, cy v.
Athénée en grec et latin avec les commentaires de Casaubon, imprimez en 1588, cy iiii l.
Les lieux communs sacrez et prophanes, grecs et latins, par Stobens, imprimez à Francfort 1581, cy iiii l.
Les œuvres grecques des principaux poètes grecs, imprimées en 1566,

cy   VIII l.

Les comédies d'Aristophane avec leurs commentaires, en grec, reliées en parchemin, cy   XL s.

Les ouvrages d'Homère en grec, cy   III l.

Touttes les œuvres d'Homère en grec et latin, imprimées à Bâle, cy   V l.

Les œuvres d'Homère en grec commantez par Eustachius, en trois tomes reliez en parchemin, cy   X l.

Les épigrames grecques avec les remarques, annotations latines, de Jean Brodeus, en parchemin, cy   XL s.

Diverses histoires en vers grecs par Jean Fretres, traduit en latin par Paul Lascisius, imprimées à Balles reliez en parchemin, cy   XX s.

La bibliotecque et l'épitome de Gesner en latin, imprimée en 1583, cy   III l.

Deux traictez des lois et arrestz du Sénat, par Antoine Augustin, en latin, dont il y en a un in-quarto couvert de parchemin, cy   XXX s.

Les hiéroglifiques ou commentaires des choses sacrées des Egiptiens et lettres des autres nations en latin, par Jean Pierrius Valerianus, imprimez à Bâle 1567, cy   IIII l.

Les œuvres de Lilius Girald de Ferrare en latin et en deux tomes, reliez en parchemin, cy   III l.

Les œuvres de Jean Gocopius Becan en latin, imprimé à Anvers, relié en parchemin, cy   III l.

Les œuvres de Platon en latin, par Ficinus, imprimée à Lion 1557, fripée, cy   III l.

L'origine des nations et des familles romaines, par Richard Strevinicus, en latin, imprimé en 1559, cy   XX l.

Traicté en latin des poids et mesures des anciens, par Georgas Agricola, imprimé à Bâle 1550, relié en parchemin, cy   XX s.

Traicté des coustumes et banquets des anciens en latin, par Guillaume Stachyus, imprimé en 1597, cy   III l.

Les commentaires de Pierre Victor en latin, sur la rétoricque d'Aristoté, imprimé à Florence 1579, cy   V l.

Les antiquités de Rome en latin, par André Fulvius, cy   III l.

Les œuvres de Virgille commentées par Donat et Servinius Honoratus en latin, imprimées à Bâle, cy   III l.

Les œuvres d'Ausone Bourdelois en latin, imprimé à Bourdeaux et en parchemin, cy   XXX s.

Les poësies de Damiens Lucanus avec l'explication de Lambert Hortenaus latines, imprimées à Bâle, cy   XL s.

Les ouvrages de Juvenal en latin, reliez en parchemin, cy   XX s.

Therance Affert, commenté par Alius Donat et autres en latin, en parchemin, cy   XXX s.

Les épitres ou discours latins de Michel Hospitalius, chancelier de France, imprimé à Paris 1585, reliés en parchemin, cy   XX s.

Les commentaires latins de Vicomercat sur les metheores d'Aristote, reliez en parchemin, cy   XX s.

Traicté du gouvernement de la République en latin, par Patricius Senemix, cy   X s.

Epitres de Pline second, commantées par Jean Maria Catanée, en latin, cy   XV s.

Les fortifficatlons et artiffices de Jacques Berdet en françois, relié en parchemin, cy   XL s.

Description de la navigation des Holandois en françois, relié en parchemin, cy   III l.

Le poème de saint Louis, par le P. Lemoyne, de la compagnie de Jésus, non couvert, cy   VIII s.

Tableau de tous les arts libéraux, imprimé à Paris, 1587, en parchemin, cy   XX s.

Théâtre des instruments de Jacques Besson, avec l'interprétation des figures, par François Beroald, imprimé à Lyon, 1578, relié en parchemin, cy   III l.

Traicté de l'architecture, par Sébastien Serlius, boulonnois, et mise en françois par Jean Martin, imprimé à Paris, 1557, en parchemin, cy   XX s.

Autre traicté de l'architecture, par Pierre Cataneus, de Sienne, en italien, en parchemin, cy   XX s.

L'invention du prince, en françois, imprimée en 1547, reliée en parchemin, cy   V s.

Le tableau des richesses, en françois avec ses figures, imprimé à Paris, 1600, relié en parchemin, cy   XXVIII s.

Les démonstrations cronologiques de Jean Tanporarius, en latin, imprimé à La Rochelle en 1600, relié en parchemin, cy   X s.

Poligraphie universelle et cabalistique de M. J. Trithème, en françois, imprimé à Paris, 1561, relié en parchemin, cy   XX s.

Dictionnaire hecbraïque en latin, par Jean Forsterius, relié en parchemin, fripé, cy   XL s.

Les commentaires de Bertrand Dargentré sur le droict, imprimé à Paris en 1598, fripé, cy   III l.

Les ouvrages des Ephémérides, par Jean Leonicius, imprimé en 1557, fripé, cy   IIII l.

Plus un Calpin grec et latin, imprimé en 1555, cy   IIII l.

Plus deux volumes du droict de Justinien, commantés par Antoine Le Comte, imprimez à Paris, 1589, en latin, fripés, cy   V l.

Les commentaires de Molineus en latin et en deux tomes, fripez, cy   IIII l.

Decretates de Grégoire neuvième, pape, en trois volumes en latin, imprimez à Anvers, 1573, fripez, cy   VIII l.

Commentaires de Federicq Commendinius sur Papius Alexandrin, imprimé en 1602, cy   III l.

Cinq volumes du digeste ou partye du droit civil de Duarein, imprimez à Lion en 1584, fripez, cy   X l.

Discours astronomicque, par Jacques Bassentin, escossois, imprimé à Lion en 1557, cy   IIII l.

Cardanus milanois, en deux tomes latins imprimez à Balle, cy   V l.

Albohazen Hali, arabe, du jugement des astres, imprimé à Bale, fripé, cy   V l.

Le trésor de l'optique, par Halazen Arabe, imprimé à Bale en 1572, fripez, cy   III l.

Table de Blanchain, imprimé à Bale en 1553, cy   III l.

Julius, Firmicus, l'un et l'autre de l'astrologie, cy   III l.

Perspective inventée par Urademen Frison, en parchemin, imprimé à Lion, cy   III l.

Les coustumes génералles et particullières de France, par Dumoulin, imprimées à Paris, 1581, en deux volumes, cy   VI l.

Sintagma Juris, imprimé à Francfort en 1591, cy — v l.
Les ordonnances des roys de France, depuis l'an 1226 jusques à l'an 1575, imprimées à Lion en 1575, cy — vi l.
Les conférances des coustumes de France, tant génerales, locales, que particulières, par Pierre Guenois, imprimez à Paris en deux tomes et fripez, cy — xii l.
Plus, la conférance des ordonnances royaux, augmentées par Mathieu la Fayetonnerre, imprimées à Paris, 1618, fripées, cy — viii l.
Les Œuvres de Cujas, en deux tomes, imprimées à Paris, 1584, fripées, cy — viii l.
Les controverses de Bellarmin latines, en deux tomes, imprimées à Paris, 1620, fripées, cy — viii l.
Les œuvres du cardinal César, imprimées à Bale en latin, fripées, cy — v l.

Livres in-quarto

Les Comédies de Plaute, commentées par Frédéric Taubmannus en latin, imprimées en 1521, cy — iii l.
Les œuvres de Virgille, commentées par le mesme auteur Frédéric Taubmannus, cy — iiii l.
La cronologie de Calvitius en latin, cy — iiii l.
Les commantaires de Cezar, latin et in-octavo, avec la traduction de Dablancourt en françois, cy — v l.
Juvenal, latin, relié en parchemin, cy — xxx s.
Les tragédies de Senecque, commantées par Debrio, cy — xl s.
Lucresse Lambin, de la nature des choses, en latin, couverts en parchemin, frippés, cy — xx s.
Œuvres de Cicéron en latin, reliées en parchemin, frippé, cy — iii l.
Suetone, commenté par Torrencius, cy — xl s.
Le mesme, en latin, avec les remarques de Casobon, relié en parchemin, cy — xxx s.
Les mémoires des Gaules, par François de Lestang, en françois, relié en parchemin, cy — iii l.
L'histoire en françois d'Henry, reliée en parchemin, fripée, cy — iii l.
Lexecicon grec et latin, en parchemin, cy — xxx s.
Discours militaire, par Remigius, florentin, en italien, frippé, cy — xx s.
Discours philosophicque de Pontus de Tyard, en françois, cy — xl s.
Mitologie des dieux en françois, traduicte du latin de Noelle, relié en parchemin, cy — xl s.
Epitome de l'histoire du monde, par Cluverius, en latin, cy — xl s.
La géograffie ancienne et moderne, avec les cartes, par Antoine Magin, de Padoue, latine, cy — xl s.

Livres in-octavo

Premièrement: Les tragédies de Senecque, avec les annotations latines, cy — xl s.
Les épigrammes de Martial, avec les annotations latines, cy — xl s.
Les satires de Juvenal et de Perrius Flacus, commantés, cy — xl s.
Orace commanté, cy — iii l.

Virgille commanté, cy	iii l.
Terrence commanté, cy	iii l.
Plaute commanté, cy	iii l.
Quintecurse commanté, cy	iii l.
Justin commanté, cy	iii l.
Florus commanté, cy	iii l.
Salusse commanté, cy	xl s.
Suétone commanté, cy	xl s.
Valère, Maxime, commanté, cy	iii l.
Velleus Patercullus commanté, cy	xl s.
Histoire de France en latin, par Bartellemy Grandmont, cy	l s.
L'histoire sacrée en latin, par Sulpice Sévère, commantée, cy	l s.

Livres in-douze

Premièrement, Neuf tomes des autheurs suivans : Virgille, Ovide, Senecque, Martial, Horace, autre Ovide, Lucain, Juvenal, Therance, satires de Petronius Arbiter, cy   xv l.

Plus, cinquante un folios et trois cens quarentes volumes, tant in-quarto, in-octavo, in-douze, reliez en cuir et en parchemin et très fripez, lesquels n'ont esté inventoriez par leurs noms ny par articles, attendu leur peu de valleur, et néantmoins estimez tous ensemble à la somme de trente livres, cy   xxx l.

Tous les susdicts livres, tant in-folio, in-quarto, in-octavo et in-douze, ont tous esté veuz et nommez et prisez, en ayant faict la suputation, ils se montent suivant leur juste prix et sans creue à la somme de mil trois cens soixante cinq livres, ce que ledict Pellard, expert, prist d'office, nous a certiffié et affirmé véritable et a signé, ainsy signé : M. Pellard, H. Houlier, lieutenant général d'Angoulesme, et Dumergue, commis du greffier ; signé, H. Houlier, lieutenant général d'Angoulesme, et Dubois, greffier.

Extrait de l'*Intermédiaire de l'Ouest*, mars et avril 1893.

La Rochelle, Imprimerie Nouvelle Noël Texier.

www.ingramcontent.com/pod-product-compliance
Lightning Source LLC
Chambersburg PA
CBHW061958070426
42450CB00009BB/2053